CONSIDÉRATIONS GÉNÉRALES

SUR LA CONSTRUCTION ET L'ORGANISATION

DES

ASILES D'ALIÉNÉS

CORBEIL, typ. et stér. de CRÉTÉ FILS.

CONSIDÉRATIONS GÉNÉRALES

SUR LA

CONSTRUCTION ET L'ORGANISATION

DES

ASILES D'ALIÉNÉS

PAR

P. LENOIR

ARCHITECTE DU GOUVERNEMENT.

PARIS

VICTOR MASSON ET FILS

PLACE DE L'ÉCOLE-DE-MÉDECINE

MDCCCLXIX

CONSIDÉRATIONS GÉNÉRALES

SUR LA CONSTRUCTION ET L'ORGANISATION

DES

ASILES D'ALIÉNÉS

L'esprit de recherche qui caractérise notre époque impose au spécialiste l'obligation d'approfondir toutes les questions qui intéressent l'humanité.

Parmi ces questions, celle qui prend aujourd'hui des proportions de plus en plus étendues, par le nombre des infortunes autant que par les préoccupations de l'opinion publique, est, sans contredit, la question du placement d'abord, puis du traitement des aliénés, celle par conséquent de l'organisation des établissements destinés à les admettre ou à les retenir.

Nous voulons à ce sujet poser quelques principes généraux, et nous espérons en même temps faire naître dans l'esprit de nos lecteurs le sentiment de profonde sympathie qui doit s'attacher à tout ce qui tient à cette œuvre d'assistance, si intéressante pour la sécurité des familles et pour les droits de l'individu lui-même. Les questions de tous les ordres, depuis la légitime défense due à la société, jusqu'à la sûreté personnelle garantie par nos lois, peuvent se trouver soulevées par cet examen.

Nous ne voulons émettre que des idées générales susceptibles d'être admises par la majorité du public qui, n'ayant pas été à même de voir de près le fonctionnement de ces institutions, juge trop souvent sur des faits isolés, trop disposé à conclure du particulier au général.

Bien que nos propositions conduisent à certaines innovations, et préparent une réforme complète du régime actuel de ces asiles, nous ne pouvons, après une certaine expérience des choses, partager les préventions excitées dans ces derniers temps contre le service des aliénés.

Grande intelligence, soins dévoués, persistants, souvent même absorption des intérêts personnels dans l'étude scientifique et dans la satisfaction du devoir rempli; voilà quelle serait plutôt la règle générale parmi le corps médical attaché à ce service.

Y a-t-il eu quelques abus? On l'affirme. Les exemples cités sont pourtant très-discutables.

Des abus sont-ils possibles?

Si cette possibilité existe, il faut qu'elle soit écartée. — C'est pourquoi nous devons nous attacher, dès le principe, à la première de ces questions, celle qui concerne l'admission dans les asiles, la séquestration en un mot.

DE L'ADMISSION

Les règles énoncées dans la loi de 1838 sur l'admission et les placements volontaires ou d'office, dans les asiles d'aliénés, ou maisons de santé, sont les suivantes :

Pour les placements volontaires :

1° Une demande d'admission signée de l'un des parents du malade ou d'une personne autorisée à cet effet, demande reçue par le maire qui doit donner acte de cette réception ;

2° Un certificat de médecin constatant la maladie ;

3° Pièces constatant l'identité de la personne à placer et de celle qui en requiert le placement ;

4° Notifications aux Préfets et de ceux-ci aux Procureurs Généraux, des placements dont l'inscription doit être faite sur les registres de chaque établissement ; de plus, une déclaration confirmative du médecin de cet établissement.

Pour les placements d'office :

Un ordre motivé du Préfet et, en cas d'urgence, un simple avis du maire ou du commissaire de police, à la charge d'en référer au Préfet dans les vingt-quatre heures.

Voilà pour le fait matériel, primitif, du placement.

Ces prescriptions, que nous résumons seulement, ont reçu dans la loi et dans les instructions ministérielles ultérieures des développements qui sont de nature à leur donner toute l'efficacité possible.

Toutefois sont-elles suffisantes et, dans le cas spécial des placements d'office, ne remettent-elles pas aux Préfets, dont les pouvoirs se sont élargis des principes de notre constitution, une bien grande responsabilité en même temps qu'une bien forte liberté d'action ?

On s'est donc récemment demandé, avec juste raison, s'il ne conviendrait pas de transférer aux magistrats de l'ordre judiciaire, dans les communes aux Juges de paix, ce pouvoir fortement empreint d'arbitraire.

C'est ainsi que l'on répond à l'objection principale.

L'obstacle n'en existe pas moins, et l'action administrative, qui ne peut être entravée lorsqu'il y a péril imminent pour la société, s'affirme avec raison.

Cet obstacle subsiste toujours dans le partage des responsabilités qui en deviendrait alors la négation. Cette difficulté est fort sérieuse, il est même impossible de l'éluder d'une manière absolue.

Voyons cependant, en présence de ce pouvoir discrétionnaire, réclamé par les plus graves des intérêts et des préoccupations légales, quelles sont les garanties contre l'arbitraire.

Pour les établissements privés :

1° Les visites du Préfet ou de personnes déléguées à cet effet, plus rigoureusement encore les visites des procureurs impériaux, des substituts qui ont des instructions dans ce sens; enfin les visites des Maires et des Juges de paix également désignés par la loi ;

2° Tenue de registres matricules cotés et paraphés, dont la loi impose l'obligation aux chefs d'établissement.

Pour les asiles publics et les placements d'office, ces mêmes visites et de plus des rapports semestriels exigés des chefs de ces établissements, sur l'état des malades placés d'office. Ces garanties administratives se complètent pour tous les cas, de dispositions relatives aux réclamations contradictoires de parents du malade ou autres ayants droit dont les titres sont légalement reconnus par les prescriptions de la loi.

Toutefois ces dernières dispositions, exigeant enquête et formalités judiciaires, amènent nécessairement un délai plus ou moins long avant d'obtenir un résultat favorable à la personne séquestrée, si la séquestration est illégitime.

Notre conviction personnelle est que l'étendue même des prescriptions légales mûrement examinées, à l'époque du vote de la loi de 1838, aussi bien que la responsabilité effrayante qui s'attacherait à l'infraction de cette loi; qu'enfin l'application soutenue, constante de ses dispositions, n'ont pu entraîner que bien peu d'abus jusqu'à ce jour.

Il est certain cependant que, si ces garanties sont bien spécifiées dans la loi, la sanction paraît y manquer. Nous résumerons donc ici les préoccupations publiques; nous y répondrons dans la partie qui peut amener contradiction, et en même temps nous tenterons de proposer les moyens de *fait* qui nous auront semblé les plus propres à remédier à la possibilité même de ces abus, ainsi qu'aux accusations peu fondées, nous en sommes certain, qui ont surgi de toutes parts depuis quelques années.

Une personne peut être enfermée, privée de sa liberté, privée de toute communication et de moyen d'appel au dehors, sur la déclaration mensongère et intéressée de la personne qui a provoqué son interdiction. Un médecin a pu se rendre complice de cette violation d'un droit absolu, le plus ample de tous, celui de la liberté individuelle et de la dignité humaine. Le médecin a pu se rendre complice de cet attentat, par l'appât d'une récompense; il a pu également, par ineptie, sous des apparences trompeuses, sur des insinuations habilement soutenues, donner un certificat faux et inique.

Ce n'est pas tout. Le chef de l'établissement, dont la profession existe précisément du fait de cette infortune, s'est montré indulgent aux accusations formulées, peu favorable, par esprit d'habitude, aux récriminations violentes, furieuses, de la personne internée.

Tout cela exige, il est vrai, le concours d'une série de circonstances bien criminelles; tout cela pourtant serait à la rigueur possible, mais ne saurait être fréquent. Que de plaintes alors contre l'établissement où de pareils faits auraient été signalés !

Pour un moment nous admettons la possibilité de pareils actes, et nous allons plus loin, car les accusations elles-mêmes ne s'arrêtent pas là.

Une influence perverse, qu'aucune considération ne saurait retenir, aura pu parvenir, à force de tactique, de patience et de ruse, avec des moyens multiples, préparés de longue main, à faire triompher une infâme machination contre une personne saine d'esprit et complétement inoffensive. Elle aura pu compromettre ainsi des gens au moins aveugles, et enfin la séquestration aura été consommée.

Cette séquestration par intérêt personnel n'est pas la seule que l'on redoute ; on peut la supposer également amenée par des considérations politiques, par esprit de rancune ou de vengeance.

C'est pourquoi les pouvoirs confiés aux Préfets ont ému les susceptibilités publiques. Une séquestration politique, une complaisance envers un grand personnage, ont semblé faites pour relever l'idée des anciennes lettres de cachet, et, en définitive, ce point spécial paraît prêter à la critique très-prompte à s'éveiller.

Ici la question vient se compliquer des nécessités mêmes de la direction d'un établissement de cette nature et des conditions mêmes du traitement. Ainsi, un chef d'établissement ne peut laisser parvenir toutes les lettres, ni sortir toutes les plaintes émanées d'un malade, dans la période de son entrée. Il ne peut pas non plus laisser pénétrer, dans un asile de recueillement, de repos et de soins médicaux, toutes les personnes s'intéressant plus ou moins aux malades. La tenue même des établissements, impossible à ces conditions, devient une présomption défavorable aux moyens de faire connaître la vérité des faits.

On parle de mesures d'isolement, de rigueur, de violence, mises à la disposition des Asiles et Maisons de Santé, comme règles particulières ou générales de leur action, et on fait ainsi dans l'opinion publique, de ces Asiles, une prison offrant tous les caractères de la plus criante des injustices et des répressions, puisqu'elle atteint la capacité morale, la valeur intellectuelle de l'individu séquestré.

Joignons à cela la fréquentation et le contact d'individus véritablement aliénés ou furieux, les cris de détresse et les appels insensés, le refrain perpétuel des plus étranges aberrations, les révoltes de l'esprit égaré et les songes brûlants des nuits troublées ; on n'est plus assuré dès lors qu'une personne, jouissant à l'arrivée de sa raison la plus droite et la plus ample, ne sera pas, en peu de jours, par sensibilité même ou par désespoir, parvenue à l'état de folie de ses compagnons d'infortune.

La profonde appréhension, c'est l'incarcération sans esprit de retour.

. Nous savons que la justice revendique ses droits ; c'est là que tendent les propositions les plus sages et les plus récentes ; c'est aussi notre avis, et le corps judiciaire trouvera dans cette revendication un nouvel hommage public ; mais, il faut le dire aussi, pour donner ainsi le pas, en ces attributions, au corps judiciaire exclusivement, on examine un seul côté de la question.

Voici l'autre côté.

Il y a malheureusement, bien des familles en ont fait la cruelle expérience, des cas de folie subite et furieuse contre lesquels il faut se mettre en légitime défense.

Le pouvoir administratif, représenté par le Préfet, centralise seul les forces nécessaires à l'action directe, immédiate, des éléments constitutifs de la société à protéger. Il faut donc, pour les cas urgents, laisser à l'administration, au Préfet, une certaine latitude, une certaine initiative à cet égard. Ses pouvoirs ne représentent pas seulement un intérêt de vigilance ; ils sont aussi la consécration d'une œuvre d'assistance.

C'est qu'aussi la folie est une maladie terrible et bizarre !

Sans parler de ces accès à crise intermittente plus ou moins prolongée, qu'il faut accepter comme un fait hors de discussion, intermittences laissant un intervalle de parfaite lucidité d'esprit ; que de folies s'annoncent sous les dehors les plus innocents pour se terminer par les plus épouvantables catastrophes !

Celui-ci, par ses largesses immodérées, ou circonvenu par des influences coupables, compromettra en quelques heures le sort de tous les siens.

Celui-là, répétant de douces et affectueuses paroles, tuera la nuit prochaine sa femme et ses enfants (1).

Tel autre, qui voit tout le monde le poursuivre de ses haines, cédant sous l'injustice persistante envers lui seul, ne voyant qu'ennemis ou rivaux de toutes parts, portera le trouble et la dénonciation dans le sein des familles, par les plus odieuses ou les plus fausses accusations ; souvent aussi ses monomanies dangereuses le pousseront au suicide.

)Des faits de cette nature sont fréquemment cités dans les journaux.

Enfin ce dernier, en proie aux surexcitations ambitieuses, — et Dieu sait si notre état social et nos constitutions politiques successives ont pu y donner prise, — se croira l'émule du pouvoir, le conseiller nécessaire, se présentera lui-même à toutes les antichambres et persécutera de ses obsessions tout ce qui, à Paris ou ailleurs, sera parvenu à quelque illustration.

Voilà donc les deux termes de la question : sécurité publique d'un côté ; garanties individuelles de l'autre.

Il faut arriver à les concilier ; là est toute la difficulté.

L'important pour la sécurité publique, la sauvegarde pour l'intérieur même de la famille, comme pour le traitement immédiat d'une crise imminente, c'est la promptitude du secours. A ces considérations viennent encore s'ajouter des raisons d'ordre moral exigeant le secret le plus absolu pour les familles.

Voilà l'écueil où viennent se briser toutes les théories.

Il faut faire vite et bien ; tel est l'adage à invoquer, surtout en cette matière.

L'atmosphère ambiante, l'entourage, les conditions d'existence présente, des sentiments naturels quelquefois, faussés ou pervertis ; tel est souvent le mal qu'il faut suspendre immédiatement, car il est le premier symptôme indicateur des précautions à prendre. Il faut faire une brusque diversion aux idées, aux habitudes morbides.

C'est là ce que l'on ne saurait trop recommander aux personnes qui voient se développer chez l'un de leurs parents le germe de cette triste affection.

Les soins donnés à temps peuvent arrêter la maladie à sa période d'éclosion.

Pour les cas d'alcoolisme, par exemple, la suspension immédiate de la cause du mal suffit pour en paralyser les effets souvent désastreux.

Ce n'est pas la séquestration absolue du malade qui est réclamée impérieusement par la société, c'est l'impossibilité de nuire, c'est le prompt emploi d'un traitement efficace, c'est aussi l'isolement, l'éloignement momentané du milieu qui a provoqué le dérangement des facultés mentales.

Ce que nous proposerions pour cette première période de la folie, ce serait le placement et l'admission du malade dans un premier refuge, tout familial, dirigé par un médecin délégué, offrant des garanties de science et un caractère officiel. Et nous pensons que le mode d'admission dans cet asile d'attente pourrait être réglé par les dispositions actuellement en vigueur.

Il y aurait alors, en raison de cette première admission, une *instruction* complète, exigée par la loi à modifier seulement dans ce sens, instruction faite au triple point de vue, médical, judiciaire et personnel à l'individu *prévenu* de folie. — *Adhuc sub judice lis est.*

Une enquête serait formée avec tout le secret et toute l'activité désirables, et pendant cette enquête les soins vigilants du médecin, s'il ne s'agit que d'une atteinte fugitive des facultés mentales, pourraient permettre, dans des cas assez fréquents, une *ordonnance de non-lieu*, c'est-à-dire la rentrée dans le sein des familles. Toute décision ultérieure de placement dans un asile de traitement, comme d'interdiction, ne pourrait être prise qu'en vertu d'un *jugement* qui *seul* autoriserait ce placement.

Le médecin qui serait institué par la loi dans des fonctions lui donnant un caractère public, n'aurait aucune participation à l'administration de l'asile central auquel il se rattacherait pourtant, mais par des liens officiels seulement. Nous croyons pouvoir affirmer que sa préoccupation la plus grande, la plus conforme aux résultats scientifiques, serait la plus grande extension possible des cures opérées. Pour les malades, ce serait une station médicale; pour les familles, ce serait encore une espérance.

Il y a, dans notre idée, assimilation de forme seulement, et non de cause, avec la *prévention* en matière de poursuites judiciaires, et, quant au caractère légal de cette séquestration momentanée, assimilation avec la simple *présomption d'absence*.

Afin de préciser davantage notre préoccupation sur l'importance de cette question, nous ajouterons que si la raison n'est que momentanément ébranlée, il ne peut s'agir, dès le principe, du placement dans un asile de traitement. Il reste toujours une impression fâcheuse de cette mesure ; si, d'un autre côté, on hésite dans le parti à prendre, la maladie se fixe, s'aggrave et peut devenir chronique. Nous devons donc insister sur le caractère exceptionnel, transitoire de cette retraite mixte.

Quant au régime intérieur de ce quartier d'observation ou d'examen, il faudrait, avec tous les moyens curatifs mis à la disposition du médecin dirigeant, pour un traitement médical et moral fait en vue de l'attente des décisions à intervenir, le caractère du régime intérieur des familles, rendu plus sévère uniquement dans les cas de répression obligée ou de folie furieuse.

Un établissement de ce genre nous semblerait pouvoir être créé facilement dans des propriétés déjà construites à proximité des grands centres : Préfectures et Sous-Préfectures. Les dispositions locales pourraient en être appropriées à peu de frais ; les seules dépenses effectives et réellement importantes seraient celles du traitement et quelques dispositions spéciales pour les bains, l'un des modes de traitement le plus salutaire, et pour les cellules, en nombre très-réduit, des malades dont l'isolement absolu serait nécessaire.

Des chambres séparées, de l'air, de l'espace, l'éloignement de la cité, sans les aspects froids et rigides des constructions régulières formées pour l'habitation en commun et pour les nécessités de la coercition, telle devrait être la base même de ces asiles d'attente. Des pavillons détachés pourraient s'y trouver annexés.

Les observations que nous présentons ici ont reçu une première application, trop spéciale il est vrai, dans la création des asiles d'aliénés de la Seine, dont les prévisions s'étendent à une fort grande quantité de malades répartis sur un très-grand nombre d'établissements.

Le fonctionnement de cette institution d'assistance se fait à Paris de la manière suivante :

Un médecin spécial, une illustration de la science, est attaché à l'administration centrale de la Préfecture de police pour examiner, préalablement à toute mesure de coercition, l'état du malade dont l'intérêt public exige le placement d'office.

Sur le rapport de ce médecin, le malade est envoyé à l'asile clinique de Sainte-Anne, et dans cet asile même existe un bâtiment distinct, servant de bureau d'admission, d'examen et de répartition. Un nouveau rapport de l'Inspecteur général, Directeur de l'asile de Sainte-Anne, vient corroborer ou modifier la première opinion du médecin attaché à la Préfecture de police. A Sainte-Anne les malades reçoivent les soins les plus immédiats et sont ensuite transférés, suivant leur état, aux asiles circonvoisins du département de la Seine, Ville-Évrard, Vaucluse, pour ne parler que des asiles nouvellement créés, et jusqu'en province.

Ce sont là les principes généraux que nous proposerions d'étendre aux asiles départementaux et qui nous semblent même plus rationnels et plus applicables encore en province qu'à Paris même, car l'asile de Sainte-Anne, qui devrait servir uniquement d'asile intermédiaire, est un véritable asile de traitement.

Tel qu'il est organisé à Paris, non pas en vertu d'une prescription légale, mais par simple usage administratif, le service des aliénés offre encore deux lacunes à combler :

1° La création, dans chaque arrondissement, d'un bureau médical, spécial pour les aliénés, afin d'éviter la confusion de cette classe si respectable d'infortunés avec les malfaiteurs. Ce serait le complément des mesures actuelles pour les placements d'office ;

2° Pour les placements volontaires, la nomination, par le gouvernement, d'un médecin examinateur.

Il est certain cependant que l'on doit à MM. les Préfets de la Seine et de police, à M. l'Inspecteur général du service des aliénés de ce département, qui les a fortement aidés dans cette tâche épineuse, les plus grandes félicitations pour l'organisation actuelle de ce service.

Le personnel médical tout entier, ne s'arrêtant devant aucune amélioration ni aucuns sacrifices, s'est montré à la hauteur de cette noble entreprise, et continue sans relâche cette mission de progrès et d'humanité.

ASILES DE TRAITEMENT

Nous arrivons à considérer les asiles dans leur développement actuel, et nous pouvons affirmer que sous ce rapport il a été fait, dans les asiles le plus récemment construits, comme pour l'amélioration des anciens établissements, toutes les tentatives rendues possibles par les progrès scientifiques accomplis jusqu'à ce jour. Nous concluons donc au maintien de ces asiles et à la persistance des efforts que l'on tente tous les jours pour en développer l'organisation intérieure.

Les instructions les plus complètes ont été données aux Préfets de chaque département pour éveiller toute leur sollicitude sur cette question, et des dépenses élevées ont été votées par les Conseils généraux pour la meilleure installation des établissements existants et de ceux à créer.

Examinons donc les conditions qui ont paru les plus utiles et les plus efficaces en cette organisation compliquée.

Les programmes de ces constructions sont le plus ordinairement dressés par MM. les Inspecteurs généraux du service des aliénés de l'Empire. Ils sont toujours soumis à leur examen et à leurs observations lorsque les administrations départementales ont déterminé les mesures à prendre pour cette œuvre spéciale. Les Inspecteurs généraux qui, au ministère de l'Intérieur, se sont succédé dans ces importantes fonctions, ont toujours joint à une grande expérience pratique, une valeur consacrée par des travaux très-étendus sur la question des aliénés et sur d'autres branches de la science médicale. Ces inspecteurs étaient MM. Ferrus et Parchappe; ce sont aujourd'hui MM. Constant, Rousselin et Lunier.

Voici les principales dispositions des constructions faites pour les aliénés. Ces dispositions sont empruntées aux éléments comparatifs fournis par toutes les nations qui, toutes, ont étudié la question avec une entière application.

Un terrain est choisi dans la position la plus favorable à la vue et à l'aération. Ce terrain est fixé, comme superficie, par les appréciations les plus convenables pour la population à recueillir et pour l'extension à donner aux divisions de malades, aux préaux qui doivent leur servir de promenade journalière et aux besoins même de la production agricole. Il est difficile de fixer à moins de dix hectares la superficie d'un asile de traitement complet; cette étendue correspond aux limites les plus restreintes d'une bonne et utile installation. Les conditions d'assiette des bâtiments, répondant à la nature du sol comme garantie de stabilité, sont aussi un des éléments nécessaires pour l'économie de ces constructions. De plus, le terrain doit être situé de manière à offrir en tous sens une vue suffisamment étendue. L'alimentation et l'abondance des eaux salubres, leur écoulement naturel et facile, doivent entrer aussi comme considération déterminante dans le choix de l'emplacement.

Sur ce terrain sont construits des bâtiments généralement peu élevés. Cette élévation même des bâtiments résulte de la plus ou moins grande facilité d'accès aux divers étages pour les différentes natures de folies à traiter.

Vient ensuite la classification médicale et rationnelle des diverses catégories d'aliénés.

Les divisions des malades, l'une des conditions d'un bon traitement, sont basées sur les données de l'expérience et de la science.

Bien que diversement appliquées, elles peuvent, selon nous, se résumer en six groupes distincts de bâtiments correspondant aux différents types des affections mentales et pouvant comporter de nombreuses sections et subdivisions, d'après le chiffre de la population et suivant les nécessités du service médical.

Les grandes sections nécessaires pourraient se réduire, pour chaque sexe, rigoureusement à celles-ci, comprenant le nombre d'étages suivants :

1° Pensionnaires : rez-de-chaussée, deux étages ;

2° Paisibles, convalescents, travailleurs : rez-de-chaussée, deux étages ;

3° Malpropres, vieillards, enfants : rez-de-chaussée, un étage ;

(S'il est nécessaire, un deuxième étage pour la séparation des enfants.)

4° Épileptiques, déments : rez-de-chaussée, un étage ;

(Les épileptiques au rez-de-chaussée.)

5° Surveillance continue, cas isolés, suicides : infirmerie, rez de-chaussée, un étage (1) ;

6° Agités : rez-de-chaussée simple.

Il convient d'ajouter ici que les épileptiques n'étant pas aliénés dans le sens absolu, il faudrait des asiles ou retraites distinctes pour cette classe d'infortunés.

Les bâtiments et dépendances des pensionnaires doivent être nécessairement établis d'après les règles du confortable et de l'aisance suivant lesquelles ils ont vécu avant leur période d'accès à la folie. Il faut mettre à leur portée les éléments de distraction : bibliothèques, pianos, billards et salons qui répondent aux besoins de leur position. Ces pensionnaires d'ailleurs doivent être classés d'après leur fortune

---

(1) J'emprunte à un ouvrage de M. le docteur Parchappe que je puis citer comme une autorité en pareille matière, l'ordre des éléments constitutifs des divisions dans un Asile d'Aliénés complétement organisé :

I. Séparation de l'Asile en deux établissements secondaires et distincts, l'un pour les hommes, l'autre pour les femmes.

II. Subdivision de chacune de ces deux grandes sections en Asile du régime commun pour les indigents et les pensionnaires de la classe inférieure, et en pensionnat pour les classes aisées et riches.

III. Subdivision de l'Asile du régime commun en quartiers distincts, savoir :

1° Quartier d'enfants ;

2° Quartier de vieillards ;

3° Quartier d'aliénés épileptiques ;

4° Quartier d'aliénés en traitement ;

5° Quartier d'aliénés agités ;

6° Quartier d'aliénés malpropres ;

7° Quartier de surveillance continue, pour les aliénés atteints de maladies accidentelles (Infirmerie) et pour les aliénés dominés par des penchants dangereux.

8° Quartier d'aliénés tranquilles, comprenant plusieurs sections, et notamment une section pour les convalescents.

J'ajouterai que le groupement des bâtiments par étages, que je propose ci-dessus, ne peut contredire l'ordre plus méthodique indiqué par M. le docteur Parchappe ; il se réfère simplement à des conditions de symétrie et d'économie qui sont utiles à observer dans des constructions de cette nature.

et selon le degré de convenances ou de distinction personnelle reconnue pour chacun.

Les pensionnaires doivent en général être répartis dans des chambres séparées, plus ou moins spacieuses, avec chambres de domestique et cabinets plus ou moins étendus, à proximité.

Les dortoirs ne peuvent former que l'exception. Cette section doit être bien distincte de l'ensemble des constructions appliquées aux malades de régime commun; les préaux doivent être disposés en jardins plus vastes et mieux plantés.

Les bâtiments des pensionnaires reviennent à un prix plus élevé nécessairement que ceux des autres divisions; mais, d'un autre côté, ils deviennent une source de produits pour l'établissement par suite de l'élévation du chiffre de leur pension.

Quant aux aliénés du régime commun, à l'exception des malades placés en cellules, le plus souvent par suite d'accès instantanés ou périodiques, ce sont des bâtiments de construction très-simple, à un ou deux étages, qui leur conviennent le mieux.

Les dortoirs qu'ils doivent occuper, comme habitation de nuit, doivent être disposés aux premier et deuxième étages. Les malpropres seuls, quelques vieillards ou infirmes, peuvent, comme pour les cellules d'agités, être placés au rez-de-chaussée.

Il y aurait inconvénient à étendre au delà de certaines proportions le nombre des malades à placer dans chaque dortoir. Ce nombre, variable pour chaque section, doit répondre aux nécessités de la surveillance. Il y a économie d'un autre côté à ne pas multiplier le nombre de ces dortoirs, pour rester dans les limites précises de l'étendue des bâtiments et de la surveillance intérieure; ces limites varient, pour l'importance des dortoirs, entre le nombre moyen de six à douze, ou seize malades au plus pour les tranquilles; les dortoirs ayant ordinairement deux surveillants, afin de permettre le repos momentané de l'un d'eux. A chacun des dortoirs, il convient d'annexer aussi un lavabo.

On conçoit de suite la multiplicité des services que doit entraîner la construction d'un Asile d'aliénés, par les nécessités de la surveillance pour chaque quartier.

Ces quartiers doivent au surplus être augmentés des compléments
suivants :

Au rez-de-chaussée, réfectoires, offices et salles de réunion pour
chaque quartier et en nombre proportionnel à son contingent ; ces
réfectoires et salles de réunion se reliant à l'ensemble des constructions
et services généraux par des galeries ou promenoirs couverts et s'ouvrant sur des préaux sablés et plantés, dont la vue doit s'étendre au
loin sur la campagne. Les préaux doivent être assez spacieux et assez
convenablement appropriés pour permettre l'exercice physique et
amener la diversion des idées par la variété des objets extérieurs. Il
faut de plus, dans chaque division, des dépôts de linge, un vestiaire
particulier, des chambres de surveillant, tisanerie, cabinets de bain
isolés pour quelques sections, cabinets d'aisances pour toutes les
sections.

D'un autre côté, on a reconnu que, l'agitation elle-même cédant
à un bon traitement, à des soins attentifs, le nombre des cellules
pouvait être réduit dans les nouveaux établissements. Ce quartier est
presque toujours isolé, avec raison, des sections principales.

Voilà pour le classement et la séparation des malades.

Cette population plus ou moins agglomérée entraîne en outre la
création de vastes services généraux, placés forcément au centre des
constructions pour diminuer la distance de ces services aux parties
extrêmes des différents quartiers d'aliénés.

Puis encore des bâtiments distincts pour l'habitation du Directeur
et du médecin en chef; pour l'administration centrale et le logement
des employés ; pour la cuisine, l'habitation des sœurs et les bains
généraux centralisés; chapelle; galeries de communication de tous
ces services aux différents quartiers; enfin tous les accessoires d'une
grande exploitation : ateliers, buanderie, lavoir, etc.

En dernier lieu, la ferme agricole, dont l'extension prévue forme
l'objet principal de nos dernières conclusions.

Tous ces services, avec leurs exigences propres, ne peuvent satisfaire aux meilleures conditions d'une économie proportionnelle, que s'ils répondent à une population assez élevée pour en justifier l'importance relative. D'un autre côté, il est nécessaire d'insister sur ce point, admis aujourd'hui comme vérité fondamentale par les spécialistes, qu'une bonne classification et une bonne organisation des services d'aliénés, en divisant nettement les catégories de maladies et d'affections mentales, sont l'un des agents les plus actifs de leur guérison, par la possibilité qu'elles offrent d'un traitement caractérisé et par l'influence salutaire du milieu normal où ils sont placés.

Le personnel de l'Asile doit lui-même être assez nombreux pour permettre et autoriser une hiérarchie de fonctions administratives qui assure l'avancement dans l'établissement lui-même ou dans d'autres du même ordre : c'est le seul moyen de former de bons employés.

Il est bien certain aussi que les deux positions de directeur et de médecin en chef, les plus en évidence et les plus lourdes sous le rapport de la responsabilité, doivent être assez rétribuées pour y appeler des hommes de mérite.

C'est là une grande organisation à développer.

Nous croyons, quant à nous, que tous les efforts qui pourront être tentés pour former des cadres intelligents et habiles, devront profiter au bien-être même des populations destinées à être contenues plus ou moins de temps dans ces établissements.

Le Directeur général d'un Asile de traitement doit donc offrir les plus hautes garanties d'expérience, de savoir et de capacité administrative, puisqu'il résume tous les efforts de la science et du dévouement.

C'est aussi sur l'Asile de traitement que doit pouvoir s'étendre avec le plus d'autorité l'action administrative supérieure, représentée par MM. les Inspecteurs généraux, dont les visites et le contrôle sur tous les actes de l'administration et de régime intérieur, doivent recevoir d'autant plus d'importance de leur caractère officiel et même du système de décentralisation dont ils sont le contrepoids nécessaire, puisqu'ils résument en leurs attributions l'autorité scientifique et le pouvoir central.

Cette inspection doit être le corollaire des visites judiciaires réclamées par la loi, et peut se combiner avec elles.

Cette inspection est commandée par des considérations de premier ordre. C'est sur elle que reposent les garanties les plus positives ; car l'Asile de traitement ne doit fonctionner qu'en vertu des différentes dispositions légales. L'Asile de traitement, en effet, reçoit l'aliéné frappé d'incapacité ou d'interdiction, il maintient les mesures d'iso lement sanctionnées par la loi; c'est là que doit se concentrer l'application des moyens curatifs, des soins les plus énergiques.

Un traitement intelligent et soutenu donne seul l'espérance de pouvoir rendre, un jour, à la raison et à sa famille le malheureux qui s'y trouve soumis.

Tel est l'ensemble des principes adoptés et défendus aujourd'hui par le corps médical, secondé par les vues très-larges de l'Administration centrale.

Dans cette coordination de constructions et de réglementation générale, les bâtiments peuvent différer d'importance et de situation, les divisions peuvent être plus ou moins spacieuses, plus ou moins ingénieusement combinées, les services et annexes plus ou moins restreints; toutefois cet ensemble que nous venons de présenter, comporte les parties les plus saillantes de l'Asile de traitement, tel qu'il est généralement édifié sur tous les points de l'Europe et dans les États-Unis d'Amérique.

Les principes d'humanité et de douceur, inaugurés en France par Pinel et par Esquirol, ont été successivement appliqués dans tous les pays civilisés, et ont amené des améliorations croissantes dans le bien-être et la situation physique et morale des aliénés.

Ces préceptes peuvent se résumer dans ces termes généraux (1) :

Dissimuler les moyens coercitifs, ménager pour les préaux et pour les bâtiments des vues lointaines, donner tout l'agrément possible à l'habitation en commun, rendre même le travail attrayant pour quelques-uns, — selon une expression déjà usée et qui s'appliquait à une toute autre théorie, — voilà, nous pouvons l'affirmer, à quoi tendent actuellement tous les efforts des Inspecteurs généraux, Médecins et Directeurs du service des aliénés.

Cela est tellement vrai, qu'en face du reproche des séquestrations

(1) Voir le *Traité des maladies mentales*, par J. P. Falret, médecin honoraire de l'hospice de la Salpêtrière.

arbitraires, on a pu élever celui d'avoir exagéré l'importance, la grandeur et la dépense de ces constructions.

Ce reproche, il faut en convenir, ne pourrait être qu'un éloge à l'Administration qui a vu dépasser ses instructions.

Il est cependant nécessaire de le mettre en regard des sommes importantes employées à la construction des Asiles d'aliénés. Ces sommes auraient pu sans doute convenir à soulager un plus grand nombre d'infortunes et aussi d'autres afflictions, puisque la folie, avec tout l'intérêt qui doit s'attacher à son traitement et à sa guérison, n'est qu'une bien faible partie des calamités humaines !

Une dernière question se présente donc encore, celle de rechercher si d'autres modes de secours et de soins ne seraient pas applicables à cette œuvre d'assistance.

COLONIES D'ALIÉNÉS

PATRONAGE DES ALIÉNÉS CONVALESCENTS

Le système le plus simple, s'il pouvait être facilement appliqué, serait évidemment le système du traitement à domicile, à la condition qu'il serait organisé et développé sur une grande échelle.

Nous voulons traiter cette question séparément, en lui donnant l'importance qu'elle mérite et en en faisant comprendre les avantages et les écueils.

Le docteur Turck, l'un des plus ardents adversaires des asiles d'aliénés, a surtout préconisé ce système, dont il a même indiqué quelques bases d'organisation.

Il a lui-même prêché d'exemple en soignant et en guérissant quelques malades qu'il prenait comme pensionnaires (1).

Ce n'est déjà plus là le traitement, à domicile. Ce mode est évidemment impossible à admettre, lorsqu'il est démontré que l'isolement momentané, l'embarras de déterminer le caractère propre de la folie qui se développe, sont des raisons qui commandent au contraire la promptitude des mesures d'éloignement.

C'est donc un placement provisoire qu'il faut poser en principe.

Pour généraliser ce mode de placement particulier, nous remarquons une première difficulté, celle d'étendre, dans une proportion réellement impossible à fixer, le nombre de ces retraites, le nombre de leurs chefs.

Mais ce système général de la dissémination des malades ne se

---

(1) Plusieurs maisons de santé des environs de Paris, celle de Vanves notamment, se recommandent à l'attention publique par les résultats obtenus comme guérison.

borne pas à ces maisons de traitement comme refuges isolés; le docteur Turck admet en outre que, pour les malades qui ne sont pas dangereux, on pourrait, ou maintenir l'aliéné dans sa famille, avec secours à domicile, ou instituer dans chaque département un village et un service d'aliénés semblables à celui de Gheel (Belgique).

Il n'y aurait plus, avec ces diverses fondations, à conserver qu'un seul Asile, celui d'Auxerre par exemple, un seul Asile pouvant suffire, d'après le docteur Turck, pour les individus à renfermer, fous, furieux et dangereux.

Il faudrait supposer dès lors que l'état de furie et de danger serait très-facile à pressentir, ou à constater, au moment précis de son invasion, ce qui est une erreur grave. Il faudrait de plus tout refaire dans le régime actuel des aliénés.

Voyons cependant les nécessités de dispositions amenées par cette nouvelle organisation d'ensemble.

Création de nouvelles maisons de santé qui, pour ne pas tomber dans l'inconvénient des véritables Asiles, ne devraient contenir qu'un nombre très-restreint de malades, ceux auxquels un seul médecin pourrait donner ses soins, aidé seulement de quelques personnes, internes et surveillants. Ce médecin n'en serait pas moins tenu de posséder toutes les ressources variées des moyens de traitement mis à la disposition de la science.

C'est bien précisément une fondation de cette nature que nous avons proposée déjà, mais avec ces différences très-essentielles que, pour ce premier asile d'examen, nous rattachons chacune de ces succursales à la direction de l'Asile central. Nous pensons que le choix d'un médecin apte à cet emploi serait un titre à l'admission pour une position supérieure. Ces fonctions revêtiraient un caractère officiel, une sorte de magistrature. Les malades qui y résideraient n'y seraient maintenus qu'à l'état provisoire, jusqu'à ce qu'il ait pu être statué d'une manière définitive sur leur placement ultérieur. De plus cet Asile, se trouvant rattaché par les liens administratifs à la direction de l'Asile central de traitement, un grand secours pourrait lui en venir, pour les premières nécessités du traitement, par les moyens mis à sa disposition. Il y aurait sur ce premier établissement une surveillance très-active, à raison de la situation toute particulière des personnes qui s'y trouveraient enfermées. Enfin la proportion même des sorties, leur juste discernement, seraient un stimulant à l'activité du médecin, qui ferait là un stage pour l'obtention d'une situation plus élevée.

Prenant dans les idées divergentes ce qui nous semble pouvoir être utilement adopté, nous arrivons à cette idée d'extension de la doctrine de la liberté en matière d'aliénation mentale, et nous allons examiner les bases de la colonie de Gheel.

Ses bienfaits, par esprit d'opposition, nous semblent également avoir été singulièrement exagérés.

La colonie de Gheel, en effet, ne peut trouver aucune analogie. Il s'agit pour Gheel d'une fondation unique en son genre, fort ancienne, puisqu'elle remonte au septième siècle, et presque légendaire.

Ses habitants sont, dès l'enfance, les tuteurs prédestinés des aliénés, leur vigilance est éveillée par l'habitude, et ces gardiens naturels ont chez eux les appareils de coercition nécessaires aux cas d'urgence.

Une surveillance centralisée et des soins médicaux organisés peuvent être facilement exercés dans la circonscription de la colonie. A ces conditions on peut permettre, d'un côté, le travail de l'aliéné au profit de l'habitant, moyennant rétribution, et d'un autre côté, laisser aller et venir, dans les limites de la colonie, le malade dont on a pu mettre en évidence le calme et la discrétion.

La constitution de cette colonie, bien qu'elle soit très-ancienne, peut être considérée comme réalisant des principes fort avancés, si on la compare aux restrictions imposées à la libre circulation dans le plus grand nombre des Asiles de traitement actuellement en activité.

Toutefois il a été constaté des abus dans cette institution, bien qu'elle ait été successivement améliorée, à ce triple point de vue (1) : des accidents résultant de la liberté trop étendue donnée à quelques-uns, des exigences de travail productif mais forcé, arraché à quel-

____

(1) Voir un rapport de M. le docteur Voisin à la suite d'un voyage qu'il fit à cette colonie.

ques autres, et enfin du défaut de soins et de surveillance auxquels on a dû opposer une centralisation plus forte et plus puissante des services administratifs et médicaux.

Nous concluons de ce nouvel examen que, si l'Asile de traitement peut être réduit d'importance et ne renfermer, comme nouvelle étape en ce triste état d'infortune, que les sections d'aliénés dont les soins offrent une continuité réclamée par le caractère persistant de l'aliénation, il faut en même temps que tous les services administratifs y soient concentrés.

La partie utilisable des malades, les travailleurs tranquilles de la ferme, les convalescents, les sections dont le calme et la passivité donneraient moins de crainte de rechute ou de danger, cette population inoffensive et plus valide pourrait faciliter le développement de la colonie agricole, en donnant un motif d'application d'esprit au travail et à l'exercice physique qui peuvent détourner le malade des habitudes malsaines et de la fixité d'idées qui contribuent sensiblement à l'aggravation de son état mental.

Il faut ajouter ici les considérations économiques qui, pour permettre une étendue suffisante à donner au terrain d'exploitation et aux annexes de l'Asile, conduiraient presque nécessairement à l'éloignement des centres de populations plus agglomérées (1).

Cet éloignement, très-préjudiciable dans l'organisation actuelle des Asiles de traitement, puisqu'il tendrait à diminuer les visites des familles, aurait beaucoup moins d'inconvénient dans le système que nous avons indiqué, puisque les quartiers d'observation seraient au contraire très-rapprochés des centres, et que de plus des services réguliers et permanents seraient établis pour relier les deux établissements dépendant d'une même direction centrale.

A la tête de la colonie devrait être placé un chef d'exploitation rurale, qui aurait pour mission exclusive de subvenir aux besoins de l'Asile par le travail industriel et agricole appliqué sur une grande échelle (2).

(1) Voir un travail de M. le docteur Belloc, directeur-médecin à l'asile d'Alençon.

(2) Voir le compte rendu fait par le docteur Jules Falret, l'un des directeurs de la maison de santé de Vanves, à la Société Médico-Psychologique sur la colonie

Cette nouvelle fondation, distincte de l'Asile, quoiqu'en relation directe avec lui, recevant aussi les soins d'un médecin particulier, pourrait exonérer en partie les départements de la subvention si considérable qu'ils sont obligés de fournir tous les ans pour les aliénés.

Dans cette section de l'Asile, les malades pourraient jouir d'une certaine liberté relative.

Le placement temporaire et conditionnel des travailleurs paisibles pourrait être également admis en faveur de quelques familles voisines de la colonie, de celles surtout dont les services (ceux des vignerons par exemple), ou les produits se rattacheraient à ceux de l'établissement.

Pour la colonie industrielle et agricole, il y aurait extension des procédés applicables au travail.

Vastes ateliers et ouvroirs de différentes natures, et surtout fabrication d'objets de première nécessité : vêtements, linge, filage, tissage ; meubles, ustensiles consacrés à l'entretien ou à l'usage des diverses parties de l'établissement.

Constructions mêmes et plusieurs industries du bâtiment : terrassements, maçonnerie, menuiserie, serrurerie, peinture, etc.

Production agricole : fourrages, pacage, bestiaux, laiteries, fromageries, etc. Culture maraîchère et de tous les objets de consommation.

Toutes les dépendances d'une ferme complète. Ce serait une agglomération moins libre que la colonie de Gheel, mais l'organisation en serait supérieure et moins sujette aux déceptions.

Plusieurs Asiles, celui de Leyme (1) notamment, ont déjà trouvé des avantages certains, croissants, dans cet usage plus grand de la liberté et du travail de leurs malades. L'Asile de Leyme a dû son extension progressive à l'utilisation d'un certain nombre de ses malades. Le travail, dans ces conditions, devient une cause d'amélioration

---

d'aliénés de Gheel. Voir aussi un ouvrage publié par le docteur Billod sur la colonisation et les dépenses des aliénés.

(1) Voir une publication de M. le docteur Bonnefous, médecin de cet établissement.

persistante de leur état mental; c'est une sauvegarde contre des re-
chutes plus graves, trop souvent ramenées par l'oisiveté.

C'est à étendre de plus en plus cette ressource effective, équitable,
que doivent s'employer avec ardeur les administrations provinciales.
Les premiers sacrifices qu'elles feraient dans ce sens seraient une
source de produits et un adoucissement aux misères et aux charges
de l'institution elle-même.

Aller plus loin nous semblerait téméraire et dangereux.

Les réformes sérieuses, mais non radicales, que nous formulons,
pouvant d'ailleurs s'étendre encore dans le sens que nous indiquons,
rendraient, nous n'en doutons pas, de véritables services, et vien-
draient alléger les subventions départementales. Elles se résument en
ces trois points principaux :

1° Pour la période d'accès, pour l'examen du malade présenté,
pour les garanties individuelles, le stage dans une maison d'observation, dans une nouvelle famille, permettant des soins prompts et
éclairés, et admettant en même temps la possibilité de toutes les in-
vestigations judiciaires, de toute enquête contradictoire ;

2° L'Asile de traitement accomplissant une mission scientifique et
sacrée ;

3° La colonie d'aliénés facilitant le travail et formant une transition
au retour de la vie de famille et à la vie extérieure. Enfin, comme trait
d'union, les relations générales et d'ensemble établies entre l'Asile
central et ses annexes.

Il ne resterait plus alors qu'une œuvre d'assistance à accomplir;
celle que les médecins eux-mêmes ont constituée sous l'impulsion
d'un vénérable doyen de la science aliéniste, de M. le docteur Falret
père; cette œuvre s'est étendue sur toute la France dans le but de
réunir et de distribuer les secours à domicile en faveur des aliénés
convalescents.

Le gouvernement doit aider et encourager les efforts de cette œuvre
d'assistance.

C'est ainsi que l'État, acceptant avec franchise la responsabilité
des mesures destinées à protéger la société, comprenant ses besoins,

pourra en même temps subvenir avec largesse à la réglementation et au traitement de ces affections si tristes et si douloureuses, affections dont le nombre ne paraît malheureusement pas devoir se réduire dans la proportion des soins et de la sollicitude qui leur sont prodigués.

Juin 1869.

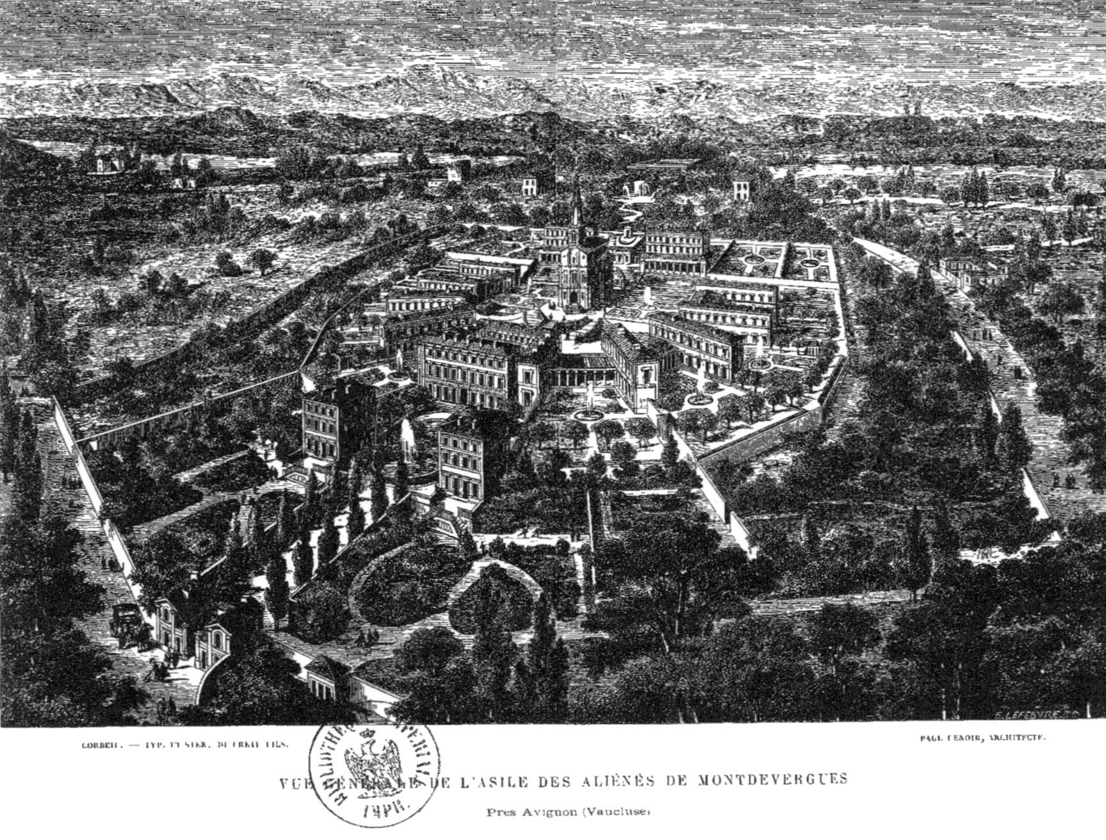

CORBEIL. — TYP. ET STÉR. DE CRÉTÉ FILS.

PAUL EAGIE, ARCHITECTE.

VUE GÉNÉRALE DE L'ASILE DES ALIÉNÉS DE MONTDEVERGUES

Près Avignon (Vaucluse)

16